정브르

110만 구독자를 보유한 생물 크리에이터로 MCN 회사 샌드박스네트워크 소속이에요. 곤충과 파충류부터 바다생물까지 다양한 생물을 소개하는 참신한 콘텐츠를 선보이며 생물 전문 크리에이터로 큰 사랑을 받고 있답니다. 유튜브 채널에서 동물 사육, 채집, 과학 실험 등의 재미있고 유익한 영상을 소개하고 있으며, 도서와 영화를 통해 고유의 콘텐츠와 더불어 동물을 사랑하는 마음까지 대중에게 알리고 있어요.

1판 1쇄 인쇄 2021년 11월 12일
1판 2쇄 발행 2022년 1월 11일

발행인 | 조인원
편집인 | 최원영
편집장 | 최영미
편집자 | 손유라
출판마케팅 담당 | 홍성현, 이풍현
제작 담당 | 이수행, 오길섭

발행처 | (주)서울문화사
등록일 | 1988년 2월 16일
등록번호 | 제 2-484
주소 | 서울특별시 용산구 새창로 221-19
전화 편집 | 02-799-9375 **출판마케팅** | 02-791-0750
본문 구성 | 덕윤웨이브 **디자인** | 권빈

ISBN 979-11-6438-489-1
979-11-6438-488-4 (세트)

ⓒ정브르 ⓒSANDBOX

차례

곤충이란 무엇일까? • 4

1화. 불개미 군단 키우기 • 6
장수말벌과 불개미가 싸우면? • 15

2화. 왜좀 사마귀의 새집 꾸미기 • 24
내 친구 사마귀를 소개합니다! • 32
겁쟁이 사마귀와 풀무치의 대결! • 37
놀이 브르의 미로 찾기 • 42

3화. 삽질왕 브르의 사슴벌레 채집 • 44
귀한 녀석 번식 성공! • 50
브르와 야간 채집 • 56

4화. 장수풍뎅이 아파트 만들기 • 62
번데기의 멋진 변화 • 70

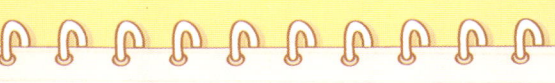

장수풍뎅이의 안식처 만들기 • 74
놀이 틀린그림찾기 • 80

5화. 우글우글 타란툴라 알 • 82
아기 타란툴라의 새집 이사 • 92

6화. 폭탄먼지벌레를 개미에게 준다면?! • 100
개미VS화상벌레 • 107
무시무시한 납가뢰 • 114
놀이 타란툴라의 미로 찾기 • 118

7화. 브르와 함께 떠나는 해외 채집 • 120
생물인 브르, 리옥크를 만나다! • 125
브르와 야간 등화 채집 • 131

정답 • 140

곤충이란 무엇일까?

나비, 개미, 거미 등 우리 주변에 다양한 생물이 있어요. 그럼 그중 어떤 생물을 곤충이라고 말하는 걸까요? 거미는 과연 곤충일까요?

궁금해?

난 곤충이 아니라 절지동물이야!

★절지동물★

지구에 존재하는 약 80%의 동물이 **절지동물**이에요. 절지동물은 몸이 여러 개의 마디로 이루어져 있는 동물이지요. 몸에 뼈가 없지만 몸을 지탱하는 단단한 겉껍데기가 있어요. 거미류, *다지류 등이 있는데 **거미류**는 머리와 가슴이 합쳐진 머리가슴과 배로 나뉘고, **다지류**는 머리와 배로 몸이 나뉘지요.

* 다지류: 다리가 많은 절지동물을 말해요. 대표적인 다지류는 지네예요.

★곤충★

절지동물 안에 속한 **곤충**은 전체 동물 중에서 약 4분의 3을 차지할 정도로 많아요. 지구를 대표한다고 볼 수도 있지요. 곤충의 몸은 기본적으로 **머리**, **가슴**, **배**로 나뉘어요. 머리에는 눈, 더듬이, 입이 있고 가슴에는 대부분 **3쌍의 다리**와 **2쌍의 날개**가 있어요. 그리고 곤충의 배에는 소화 기관과 생식 기관이 있답니다.

브르와 함께 다양한 생물을 만나러 가 볼까요?

아하!

콰악!!

1화 불개미 군단 키우기

오늘 소개할 친구는…!

와글 와글

불개미 입니다!

제 생각에 일개미가 최소 1~2천 마리 있어요.

여왕개미는 대략 20마리 이상 있고요.

알도 있습니다.

알

브린이를 위한 곤충 상식
일개미는 먹이를 나르거나 집을 지어요. 여왕개미는 알을 낳을 수 있으며 계급이 가장 높고, 일개미보다 크기가 크지요.

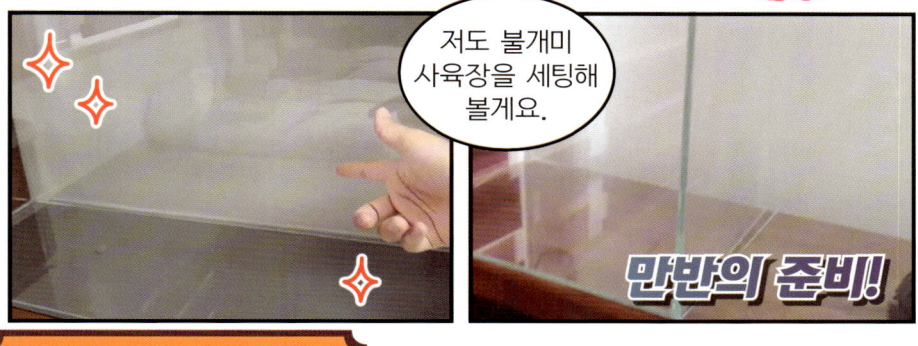

개미 탈출 방지 방법

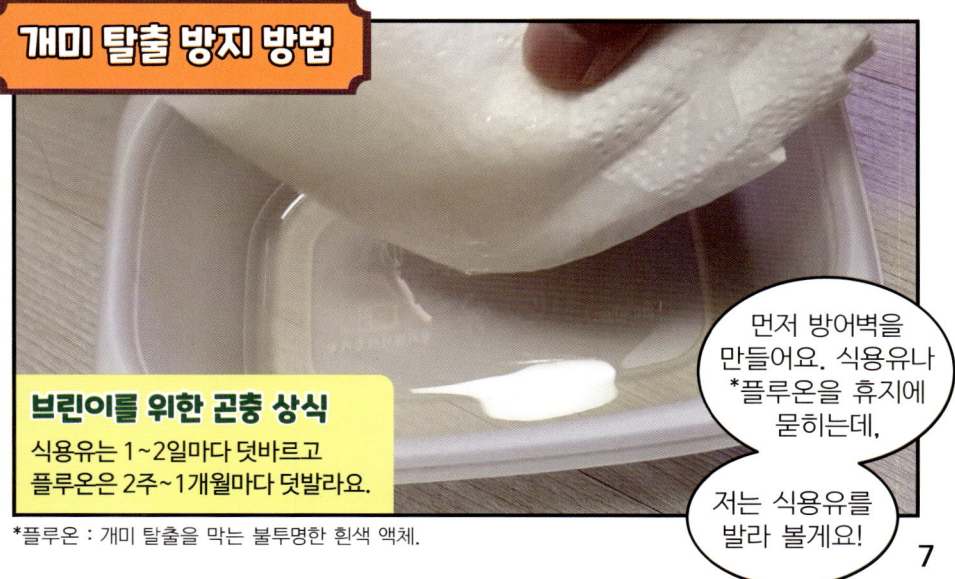

브린이를 위한 곤충 상식
식용유는 1~2일마다 덧바르고
플루온은 2주~1개월마다 덧발라요.

*플루온 : 개미 탈출을 막는 불투명한 흰색 액체.

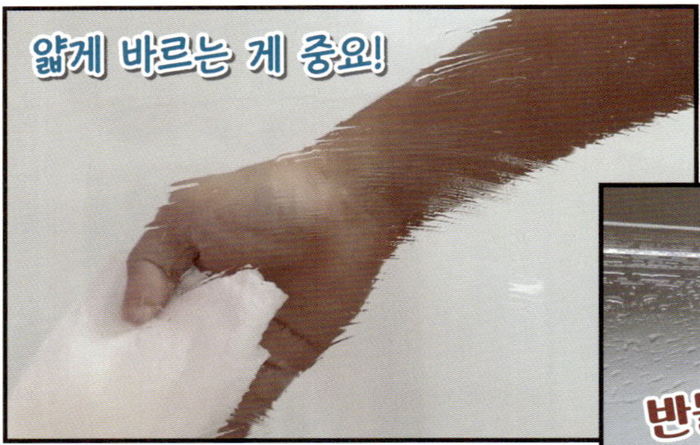

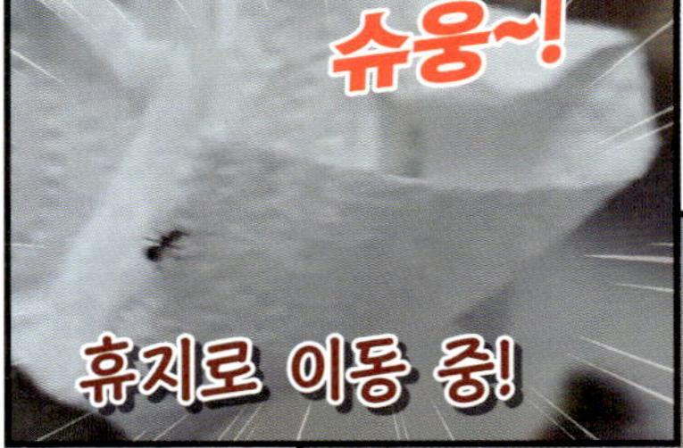

*흙 사육 : 사육장에 흙을 넣어 자연과 가까운 환경을 조성해 주는 사육 방식.

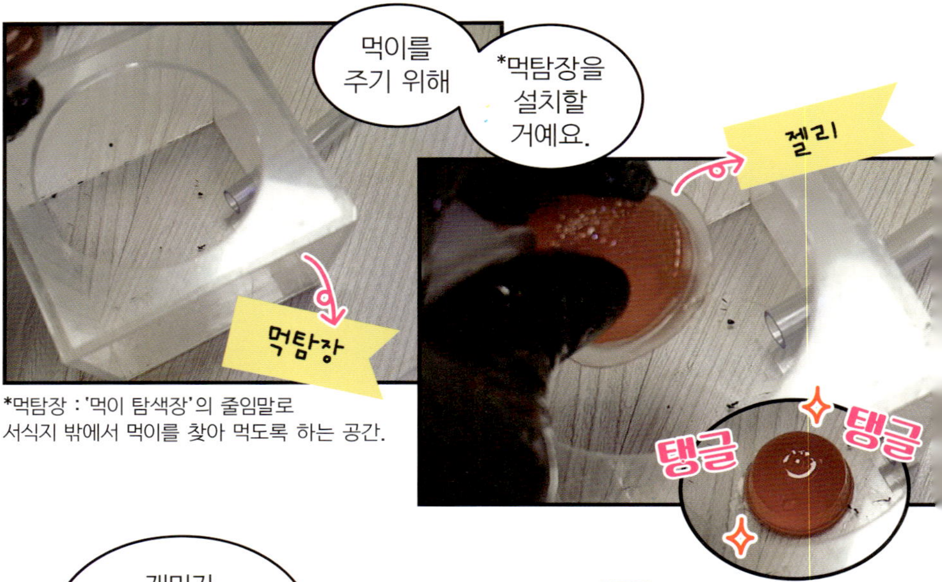

불개미 사육장에 투입!

여긴 어디야?!

자! 우선 한 마리 넣었습니다.

와, 불개미가 달라붙었어요!

공격을 시작하는 불개미들!

장수말벌의 날개 힘이 굉장히 세서, 불개미들이 다 떨어져 나갑니다.

호락호락하지 않은 장수말벌!

의기양양

어때, 나 힘 세지?

정브르의 곤충 탐구

개미는 군체를 형성하여 조직 생활을 해요.
보통 생식 능력이 있는 여왕개미, 수개미와 생식 능력이 없고 노동을 하는 병정개미, 일개미로 계급을 이루어 살지요.

★정브르의 곤충 탐구★

곤충 이름 : 가시개미

가슴과 등쪽에 나 있는 가시 때문에 가시개미라는 이름이 붙여졌어요. 가시개미는 다른 개미 군체로 침투해서 다른 여왕개미를 죽이고 번식하는 능력이 있어요.
이런 특성 때문에 기생개미라고 불리기도 하지요.

★정브르의 곤충 탐구★

곤충 이름 : 노랑꼬리치레개미

몸 색깔이 황갈색인 게 특징인 노랑꼬리치레개미는 여왕개미 여러 마리가 한 군체를 키우기도 해요. 노랑꼬리치레개미는 오래된 나무 아래, 습기가 많은 땅에서 서식하지요.

2화 왜좀 사마귀의 새집 꾸미기

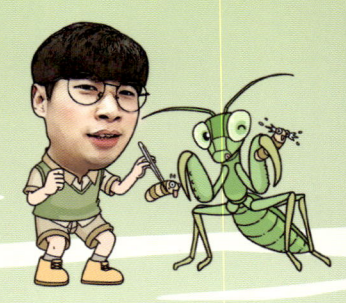

왜좀 사마귀의 사육장을 꾸미기 위해 야산에 왔습니다.

자연 환경 사육장을 위해서는 재료 또한 자연에서 얻는 게 최고겠죠?

안녕?

왜좀 사마귀

지푸라기, 솔잎, 나무 부스러기 등 자연 생태를 똑같이 연출할 거예요.

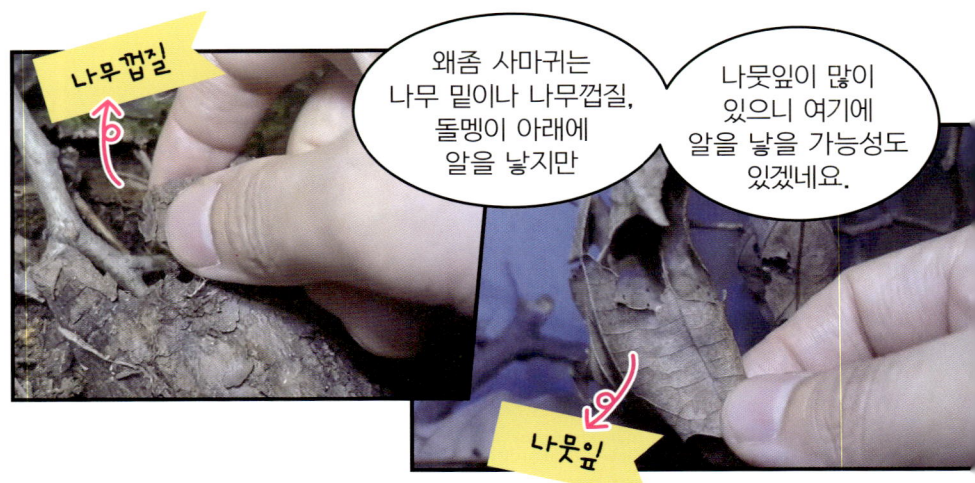

*핀헤드 : 갓 태어난 귀뚜라미.

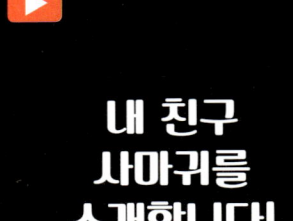

*탈피 : 곤충이 자라며 허물이나 껍질을 벗는 것.

브린이를 위한 곤충 상식
어린 곤충이 생식 능력이 있는 어른벌레인 성충으로 변하는 과정을 변태(탈바꿈)라고 해요.
- **완전 변태** : 애벌레 단계에서 번데기 시기를 거쳐서 성충이 되는 경우로 나비, 벌 등이 완전 변태를 해요.
- **불완전 변태** : 번데기 시기를 거치지 않고 애벌레 단계에서 탈피 과정을 거치며 성충이 되는 경우로 사마귀, 매미 등이 불완전 변태를 해요.

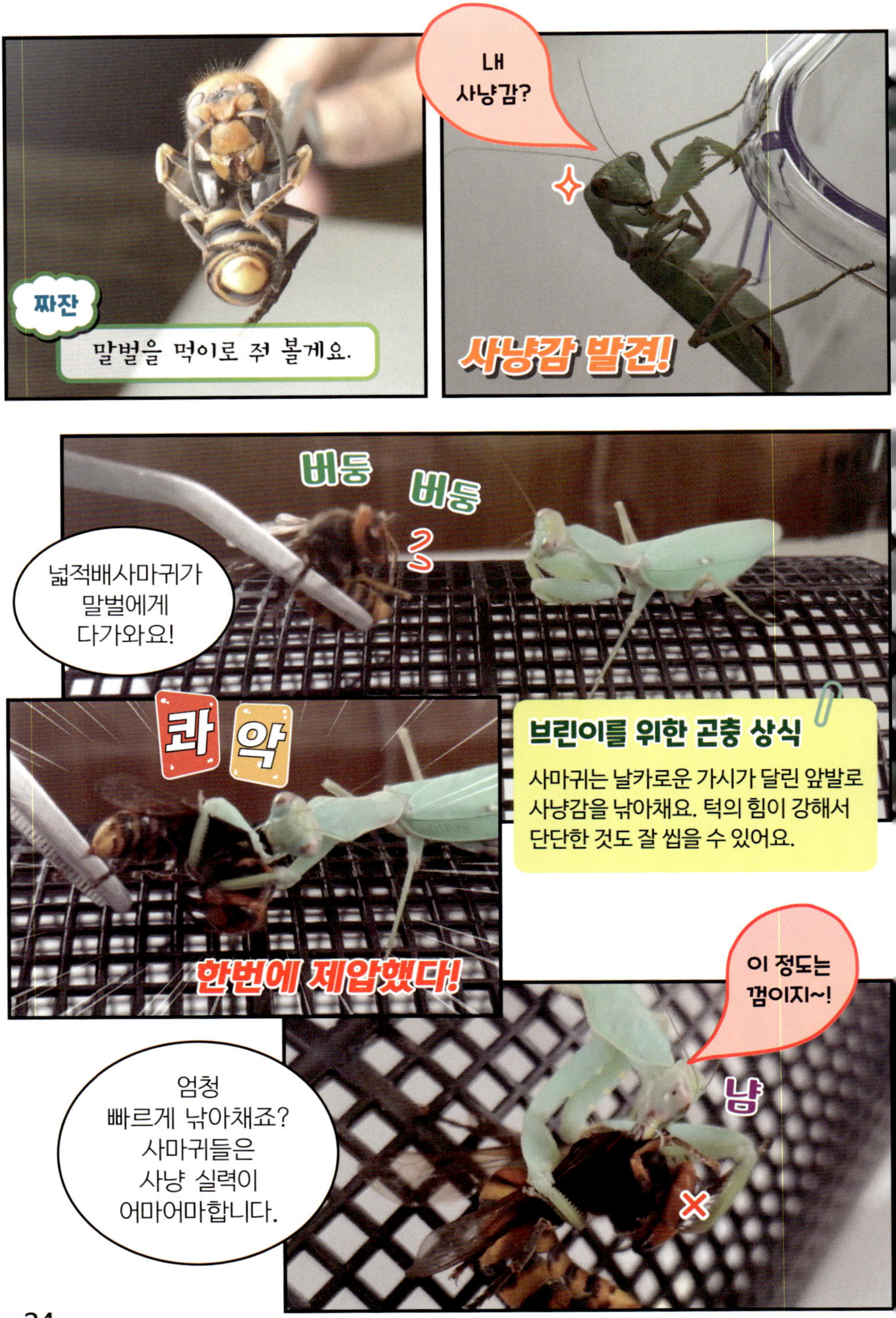

짜잔

말벌을 먹이로 줘 볼게요.

내 사냥감?

사냥감 발견!

버둥 버둥

넓적배사마귀가 말벌에게 다가와요!

콰 악

브린이를 위한 곤충 상식

사마귀는 날카로운 가시가 달린 앞발로 사냥감을 낚아채요. 턱의 힘이 강해서 단단한 것도 잘 씹을 수 있어요.

한번에 제압했다!

이 정도는 껌이지~!

냠

엄청 빠르게 낚아채죠? 사마귀들은 사냥 실력이 어마어마합니다.

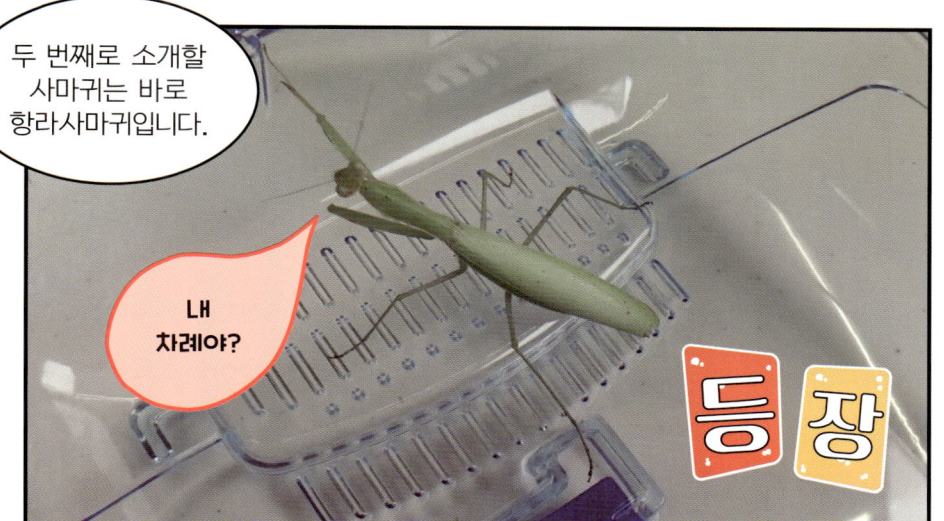

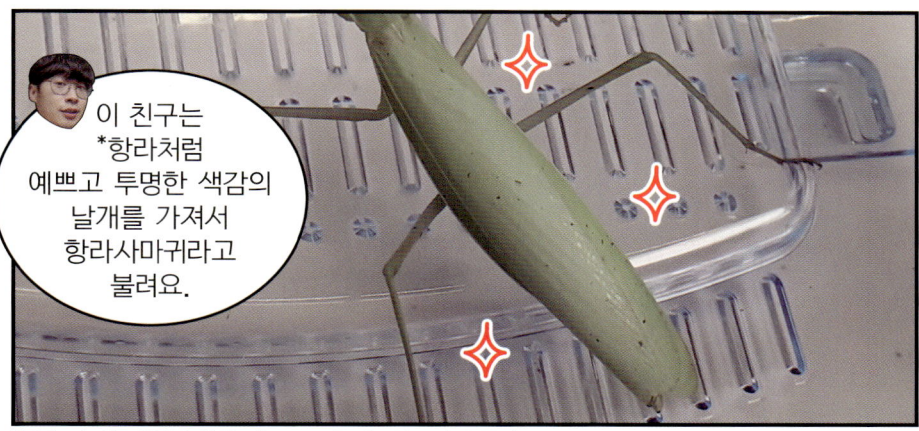

*항라 : 누에고치에서 뽑은 가늘고 고운 명주실로 만든 옷감.

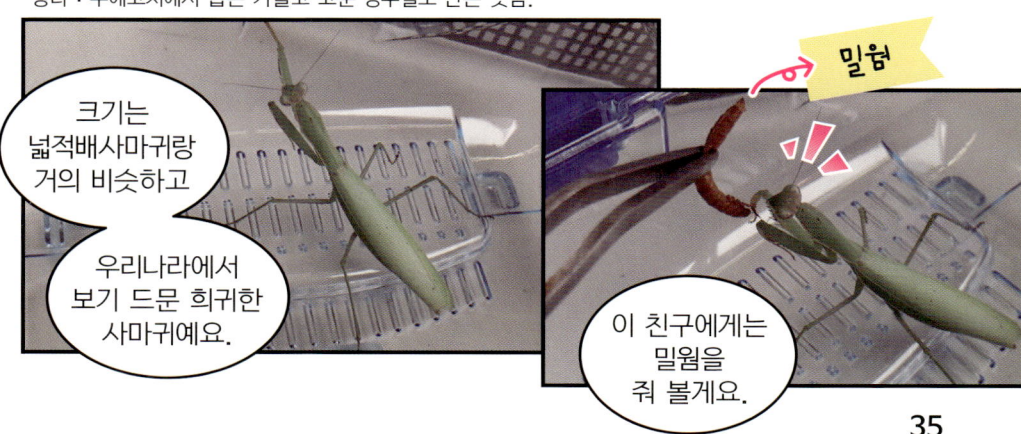

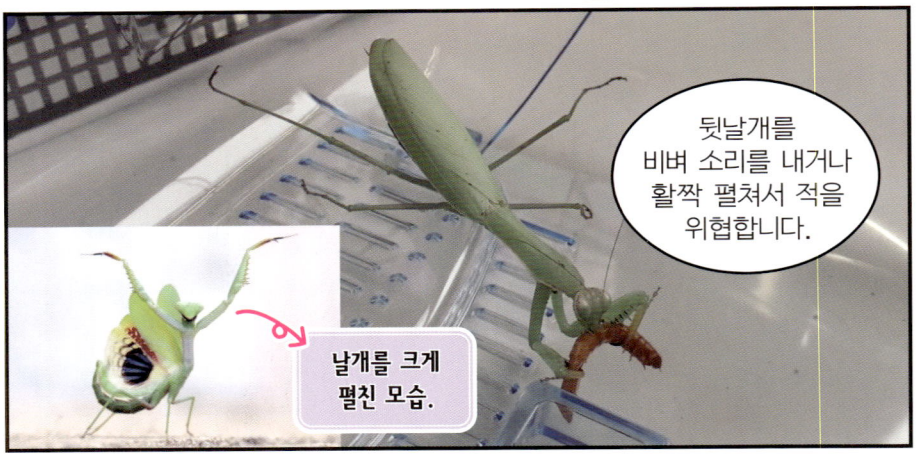

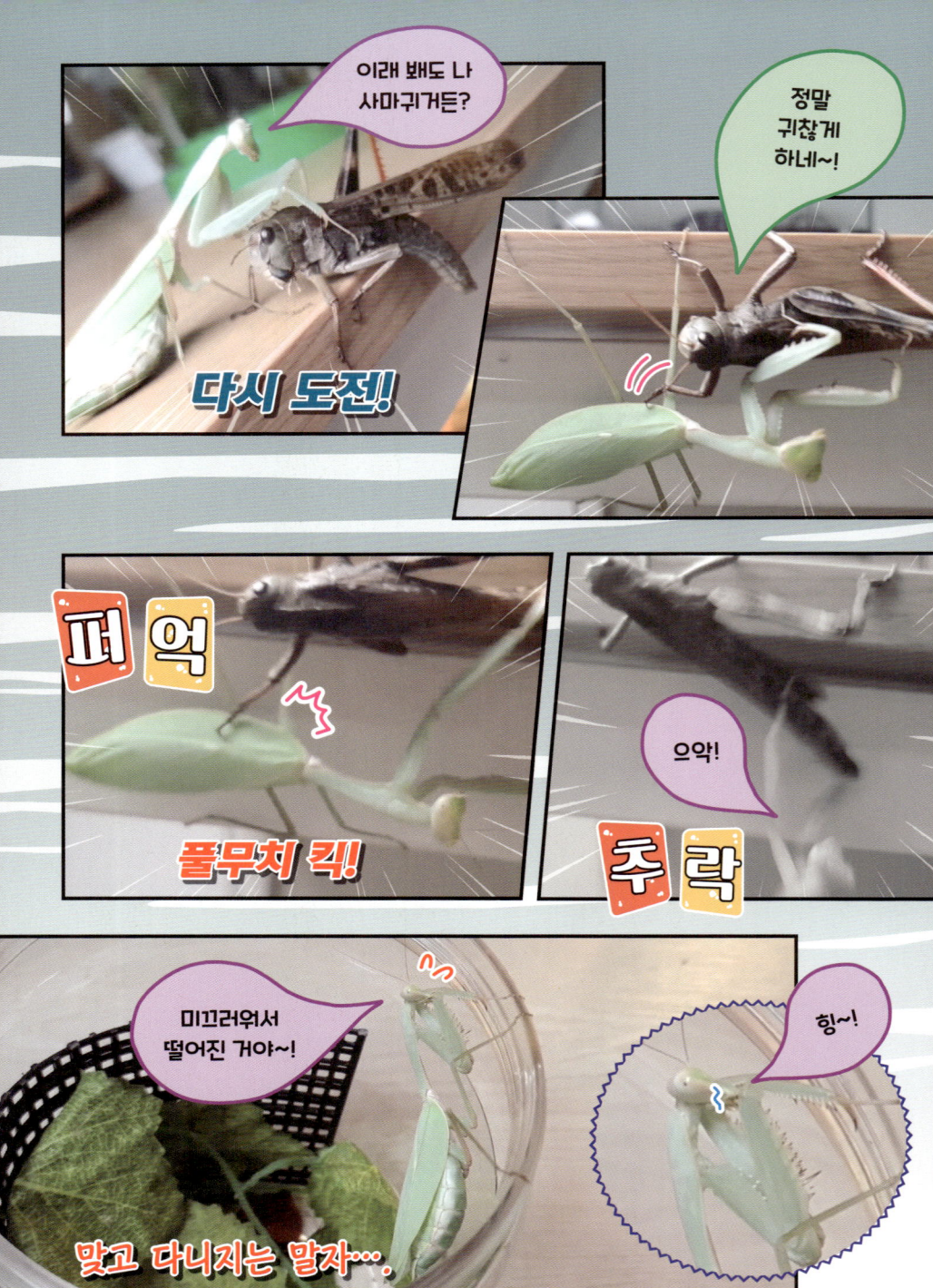

정브르의 곤충 탐구

육식을 하는 사마귀의 사냥 실력은 굉장해요.
사마귀를 사육할 때 살아 있는 생물을 직접 사냥할 수 있도록 해야
사마귀의 사냥 본능을 지켜 줄 수 있어요.

★정브르의 곤충 탐구★

곤충 이름 : 이끼사마귀

희귀종인 이끼사마귀는 인도네시아, 말레이시아 등 따뜻한 지역에 살아요. 이끼사마귀의 등갑은 쭈글쭈글하고 갑옷을 입은 것처럼 생겼어요.

★정브르의 곤충 탐구★

곤충 이름 : 코로나투스꽃사마귀

인도네시아, 말레이시아에 서식하는 코로나투스꽃사마귀는 난초사마귀라고도 불려요. 색이 예쁘고 꽃과 비슷하게 생겨서 꽃과 함께 있으면 구분이 안 될 정도지요. 이런 생김새 덕분에 꽃으로 위장해서 다른 곤충들을 사냥해요.

브르의 미로 찾기

브르가 사슴벌레 채집을 떠났어요.
사슴벌레가 있는 곳으로 브르를 데려가 주세요.

나비

3화
삽질왕 브르의 사슴벌레 채집

"톱사슴벌레를 채집하러 왔습니다."

"나무 밑동 부분에 톱사슴벌레가 많이 있기 때문에 삽을 준비했어요."

삽질을 시작할게요!

나무뿌리

오오, 나온다!

브린이를 위한 곤충 상식

사슴벌레의 한살이
사슴벌레가 알을 낳고 2주 후 알에서 1령 애벌레(유충)가 태어나요. 애벌레는 허물을 벗으며 2령 애벌레, 3령 애벌레로 자라난 뒤, 점점 몸이 쭈글쭈글해지면서 번데기로 변하지요. 번데기 시기를 거치고 나면 어른벌레(성충)로 성장한답니다.

*꽃무지 : 몸에 흰색 점무늬가 있는 딱정벌레목 곤충.

*우화 : 번데기에서 날개 있는 성충으로 자라남.

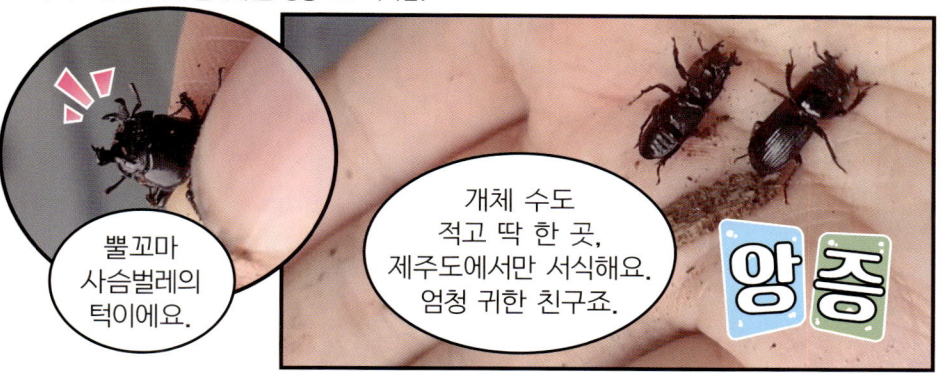

다음으로는 톱밥을 엎어 봅시다!

오! 성충이 나왔습니다.

뿔꼬마사슴벌레 암컷으로 추정됩니다.

성충은 암수 구분이 어려워요.

우리는 육식파예요!

밥 줘!

성충들은 1~2일 정도 밀웜을 잘라서 배불리 먹인 후에 다시 산란 세팅을 하려 해요.

3령 애벌레랑 번데기가 나온 걸 보면 산란한 지 최소 2~3개월 된 것 같습니다.

다른 애벌레들에 비해서 머리가 작죠?

수액이 발견된 나무 아래를 파면 손쉽게 사슴벌레를 잡을 수 있어요.

두더지 브르?

나무껍질 사이에 숨기도 하죠.

이번에 발견한 애사슴벌레는 턱이 꽤 커요!

브린이를 위한 곤충 상식
사슴벌레를 채집할 때, 나무껍질을 뜯으면 안 돼요. 나무껍질을 뜯으면 수액이 마르고, 사슴벌레나 다른 곤충들의 은신처가 파괴돼요.

신 남

사슴풍뎅이도 있네요~.

나 듬직하지?

멋져~!

이번엔 넓적사슴벌레 커플을 발견했어요. 수컷이 엄청 커요!

59

정브르의 곤충 탐구

사슴벌레는 광택이 나는 단단한 피부와 큰 턱을 가지고 있어요.
그 큰 턱으로 적을 잡아 조이고 비틀어 던져 버리지요.

★정브르의 곤충 탐구★

곤충 이름 : 두점박이사슴벌레

제주도 보호종이자 멸종 위기 야생 생물 2급으로 지정된 두점박이사슴벌레의 몸 색깔은 황갈색 또는 연한 갈색이에요. 앞가슴등판 가운데에 세로줄과 양옆에 검은색 점무늬가 있지요.

★정브르의 곤충 탐구★

곤충 이름 : 기라파톱사슴벌레

기라파톱사슴벌레는 몸과 비슷한 길이의 큰 턱을 가지고 있어요. 기라파톱사슴벌레의 기라파(giraffe)는 기린이라는 뜻이랍니다.

4화 장수풍뎅이 아파트 만들기

오늘은 장수풍뎅이 번데기 방을 털어서 아파트를 만들어 줄 거예요.

와르르

번데기 방

번데기 방이 진짜 많습니다!

꼬물꼬물

수컷

암컷

*동종 포식 : 같은 종에 속하는 동물끼리 서로 잡아먹는 일.

인공 번데기 방 만들기

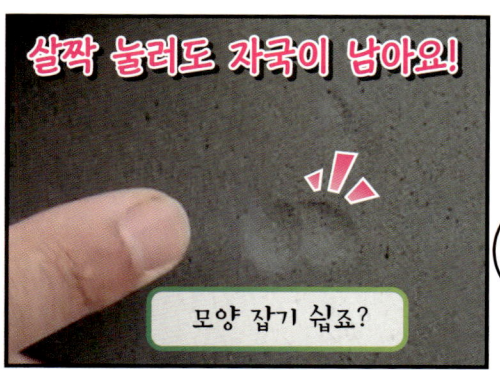

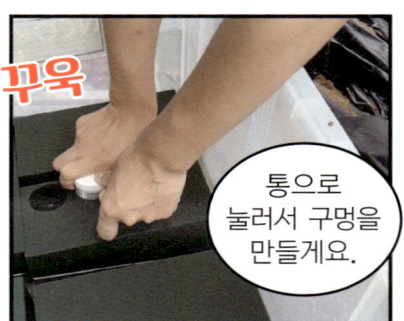

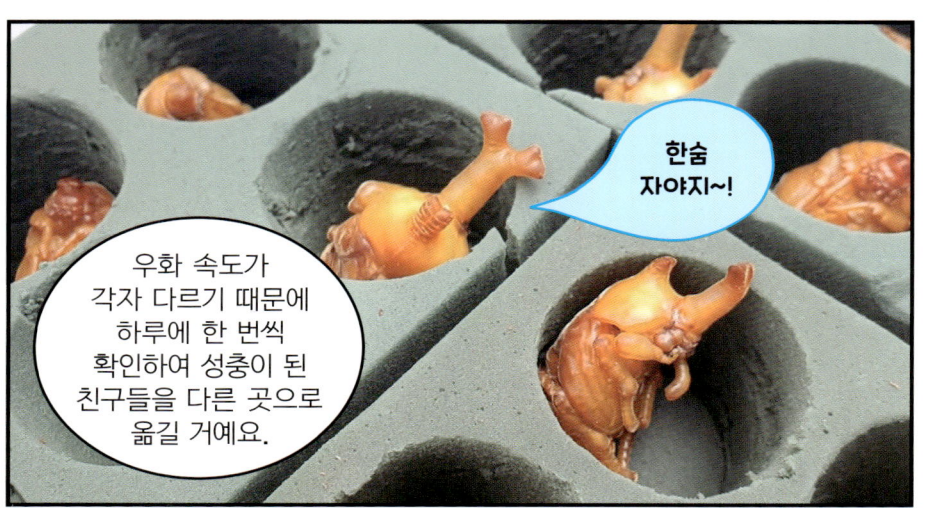

번데기의 멋진 변화

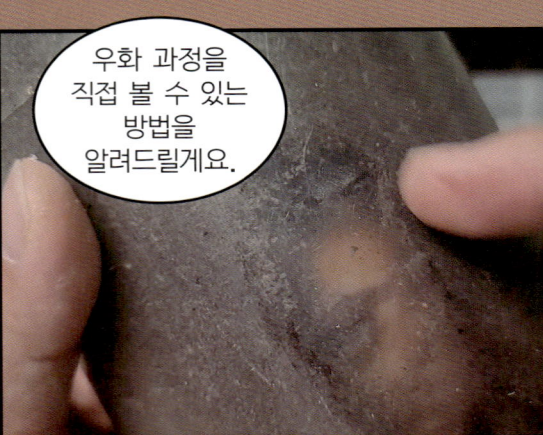

우화 과정을 직접 볼 수 있는 방법을 알려드릴게요.

우화 직전의 번데기가 있는 병에 구멍을 내요.

조심 조심

※위험하니 주의하시기 바랍니다※

짠~ 뚫었습니다!

까꿍~!

번데기를 빼서 구멍을 키우고 물을 조금 뿌려 줬습니다.

촉 촉

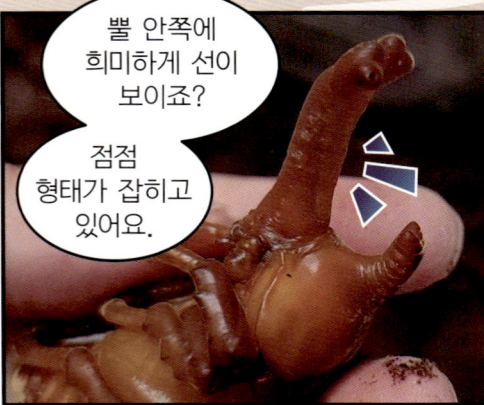

뿔 안쪽에 희미하게 선이 보이죠?

점점 형태가 잡히고 있어요.

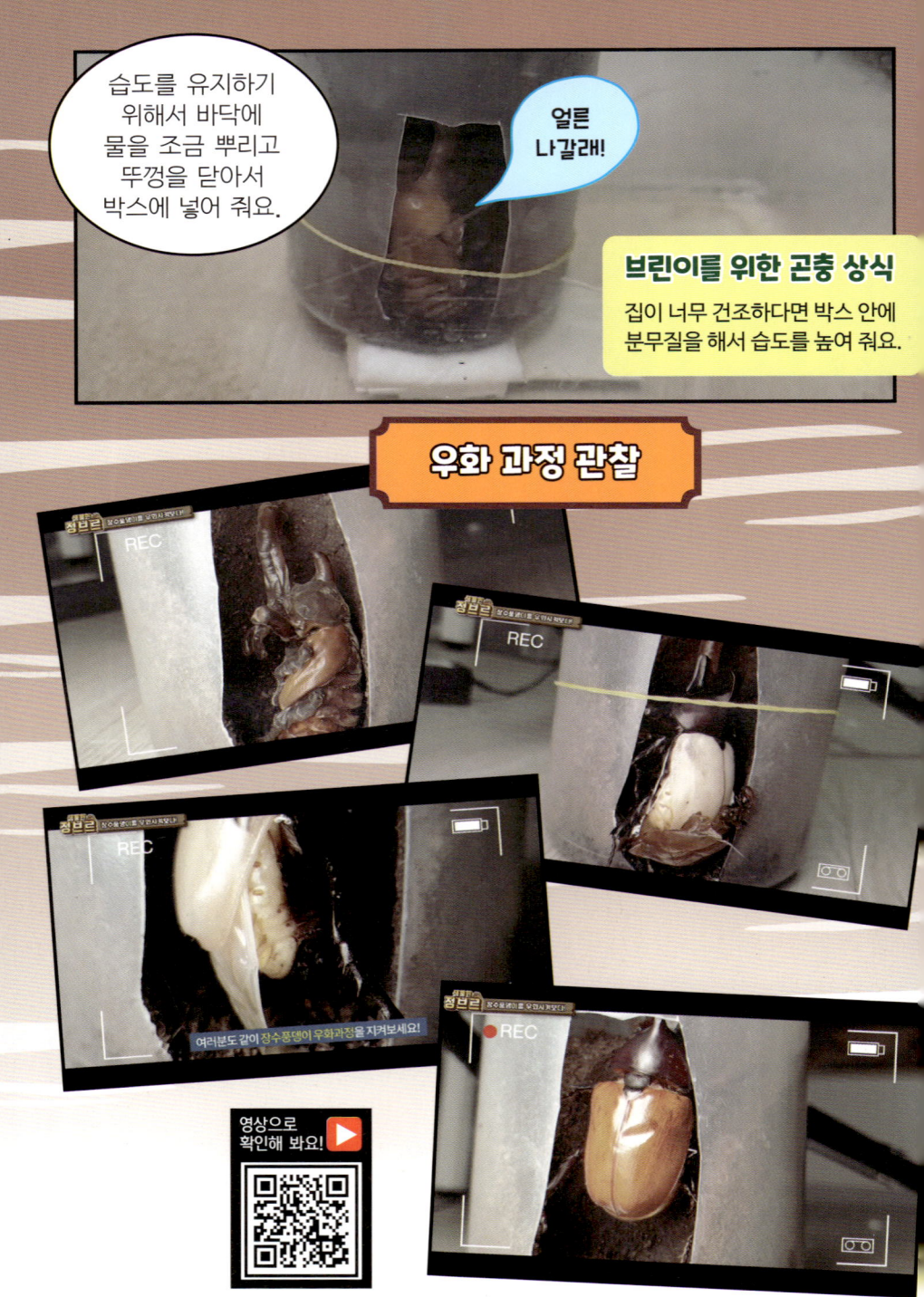

정브르의 곤충 탐구

장수풍뎅이는 크고 강한 뿔로 적을 들어 올려서 힘껏 내던져요.
일본에서는 이런 장수풍뎅이를 투구벌레라고도 불러요.

★정브르의 곤충 탐구★

곤충 이름 : 헤라클레스왕장수풍뎅이

세계에서 가장 큰 장수풍뎅이로 알려진 헤라클레스왕장수풍뎅이는 주로 중남미의 열대 우림에 살아요. 길고 큰 뿔로 무거운 것을 잘 들고 힘이 무척 세답니다.

★정브르의 곤충 탐구★

곤충 이름 : 코카서스장수풍뎅이

아시아에서 가장 큰 코카서스장수풍뎅이는 청동색을 띠는 검정색 몸을 가지고 있어요. 3개의 뿔이 있으며, 머리에 짧은 돌기가 나 있는 게 특징이지요.

영상으로 확인해 봐요!

틀린그림찾기

숲속에 다양한 곤충 친구들이 모여 있어요.
왼쪽과 오른쪽 그림을 비교하고 다른 곳 4군데를 찾아봐요.

정답은 140쪽에!

5화 우글우글 타란툴라 알

오늘은 타란툴라의 알집을 해체할 거예요.

알집

알집

먼저 어셈바라 오렌지의 알집을 열게요.

어셈바라오렌지

브린이를 위한 곤충 상식

우삼바라 오렌지 바분이라고도 불리는 어셈바라 오렌지는 몸 색깔이 진한 노란색이에요. 타란툴라는 땅 위를 돌아다니는 배회성(떠돌이성), 땅속에 구멍을 파고 사는 지중성(버로우성), 나무 위에서 사는 교목성(나무위성)까지 3가지 성향이 있어요. 어셈바라 오렌지는 3가지 특성을 모두 가지고 있는 게 특징이에요.

브린이를 위한 곤충 상식

암컷 타란툴라는 알을 낳고 나서 새끼가 깨어나기 전까지 약 한 달 간 먹이도 먹지 않으면서 알을 돌봐요. 하지만 스트레스를 받거나 알의 상태가 좋지 않을 때 자신이 낳은 알집을 먹는 경우도 있지요. 이런 이유로 타란툴라 어미의 안정과 새끼의 성공적인 부화를 위해 인큐베이터를 만들어 인공 부화를 시키기도 해요.

인큐베이터 만들기

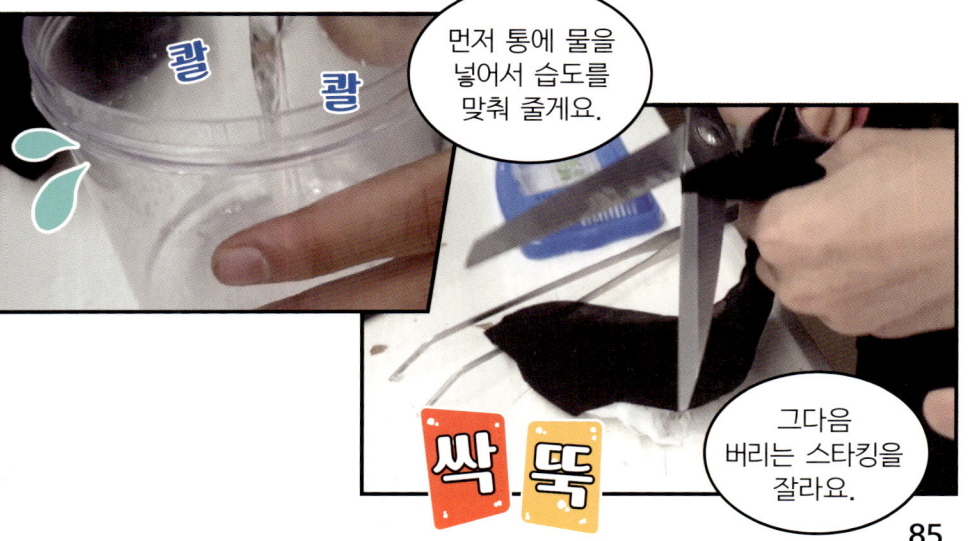

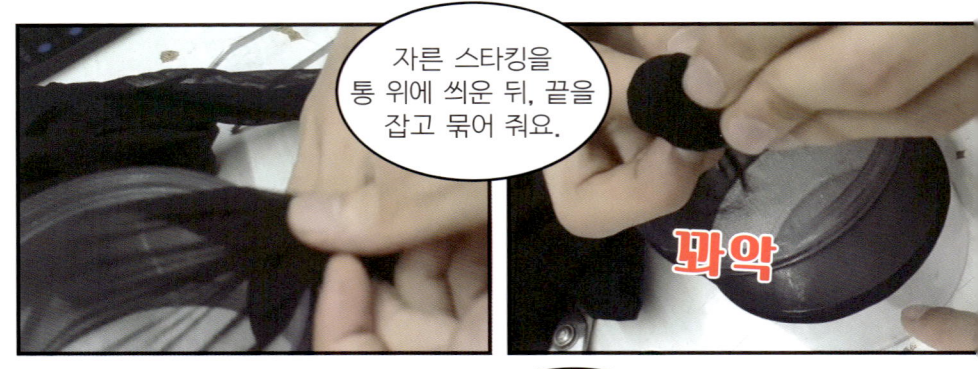

오! 지금 분위기가 좋은데….

퍼 억

흠….

헉!

아이고! 잡아먹힌다!

끄아아! 살려 줘!

긴급 상황!!

핀셋으로 수컷을 구출!

대실패입니다….

쳇!

ㅠㅠ
배가 고파서 수컷을 잡아먹으려고 한 것 같습니다.

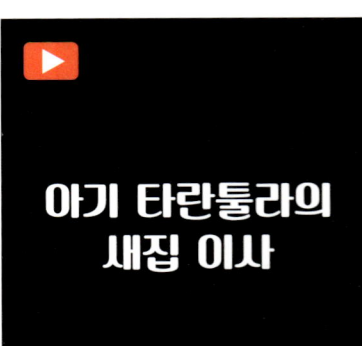

아기 타란툴라의 새집 이사

소코트라 블루바분

이번에 소개할 친구는 다섯 번의 시도 끝에 산란을 성공했어요!

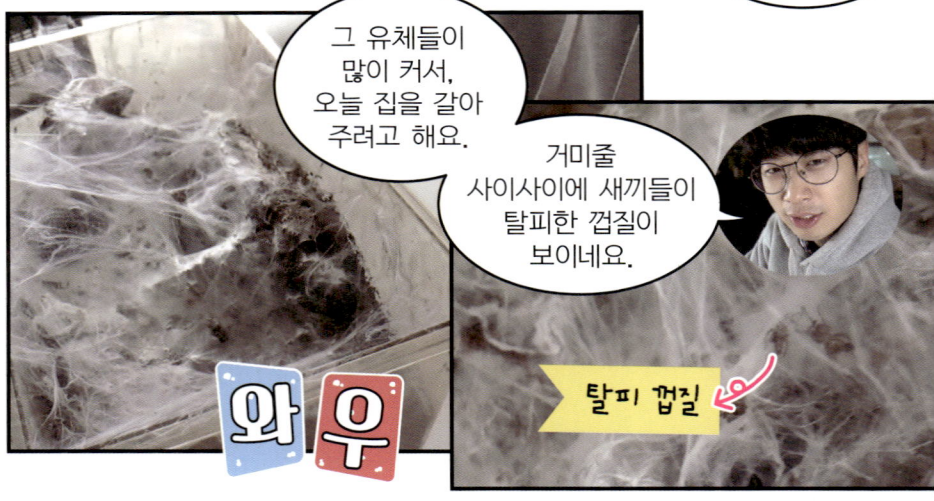

그 유체들이 많이 커서, 오늘 집을 갈아 주려고 해요.

거미줄 사이사이에 새끼들이 탈피한 껍질이 보이네요.

와 우

탈피 껍질

어미와 새끼는 분리하고 새끼들은 단체로 사육할 거예요.

우리는 친구!

브린이를 위한 곤충 상식

소코트라 아일랜드 블루바분이라고도 불리는 소코트라 블루바분은 사회성이 있는 개체로 널리 알려져 있어요. 단체로 사육해도 서로 잡아먹지 않지요.

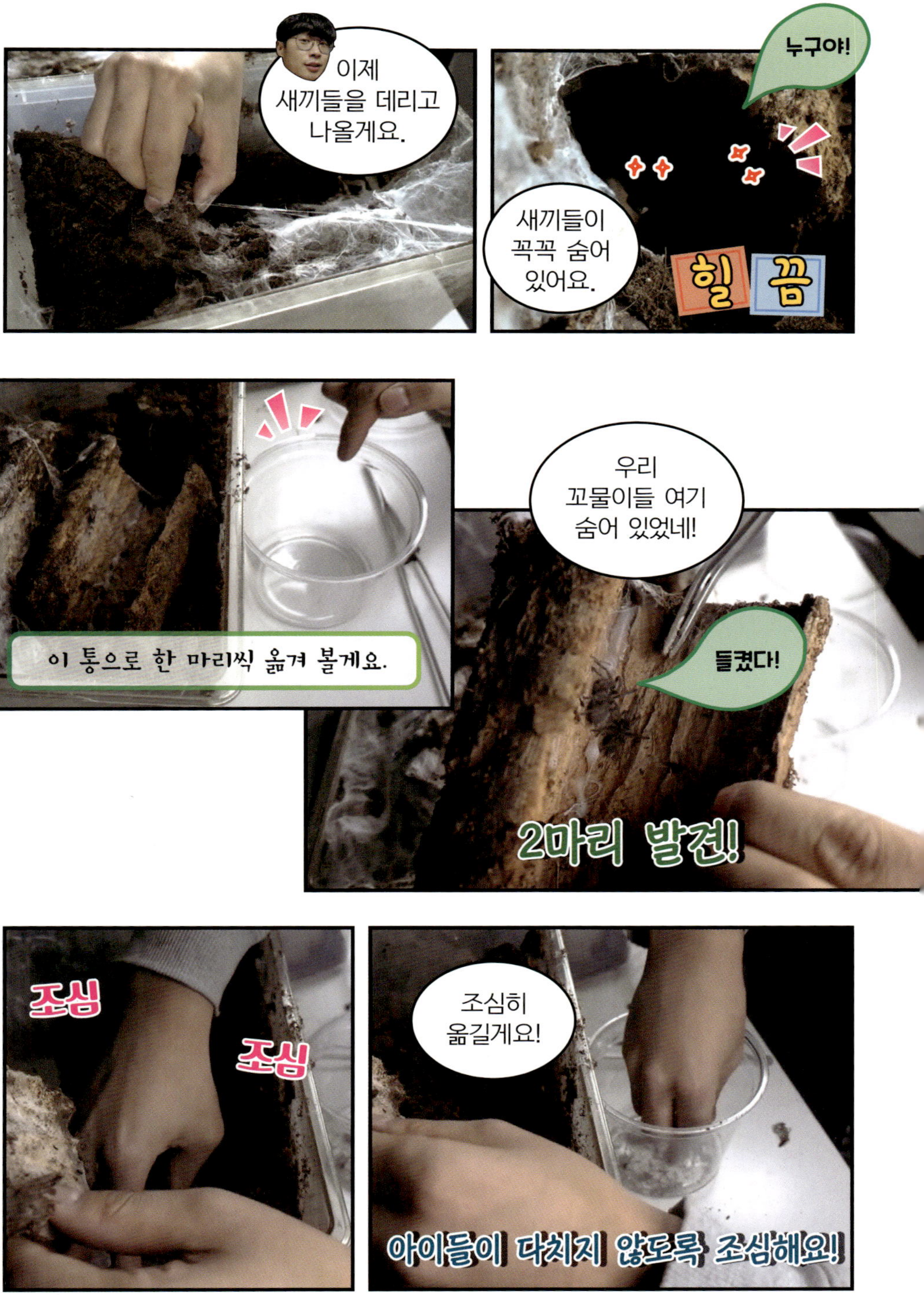

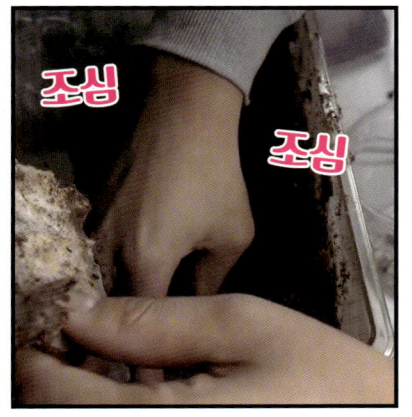

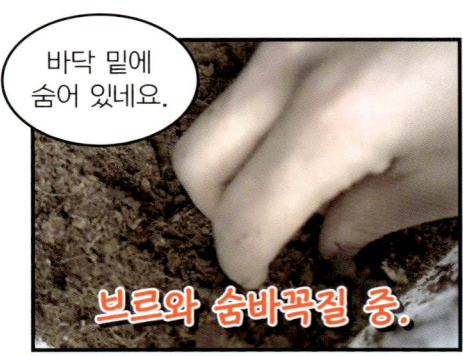

정브르의 곤충 탐구

타란툴라는 독을 지닌 절지동물이에요.
물어서 공격을 하기도 하지만, 털에도 독이 있어서 피부에 닿으면 무척 따갑죠.

★정브르의 곤충 탐구★

곤충 이름 : 구티 사파이어 오너멘탈

사파이어처럼 파란 색깔이 나서 사파이어 타란툴라라고 불리기도 해요. 움직임이 매우 빠르고 공격적인 편이지요.

영상으로 확인해 봐요!

★정브르의 곤충 탐구★

곤충 이름 : 소코트라 블루바분

거미 굴속에서 지내다가 먹이를 발견하면 뛰쳐나와서 사냥하지요. 대부분의 타란툴라는 단독 생활을 하지만, 소코트라 블루바분은 사회성이 있어서 단체 생활을 할 수 있어요.

영상으로 확인해 봐요!

6화
폭탄먼지벌레를 개미에게 준다면?!

이 친구는 제가 직접 알을 받고 키운 홍단딱정벌레예요.

촬영 중이구나?

안녕!

홍단딱정벌레

이번에는 강력한 곤충들을 소개할게요.

홍단딱정벌레는 원래 몸에서 강한 산을 내뿜어요. 하지만 이 친구들은 자연에서 먹이를 잡아먹으며 자란 게 아니라서 강한 산을 내뿜진 못할 거예요.

등 색깔이 정말 예쁘네요

브린이를 위한 곤충 상식
독이나 산과 같이 자신을 방어하는 액체는 다양한 생물을 사냥해 먹으면서 강해지는 경우가 많아요.

브린이를 위한 곤충 상식

방귀벌레라고도 불리는 폭탄먼지벌레는 항문 주위의 분비샘에서 뜨거운 독가스를 내뿜어요. 다양한 동물들이 폭탄먼지벌레를 잡아먹었다가 이 뜨거운 독가스를 맞고 다시 뱉어 내지요.

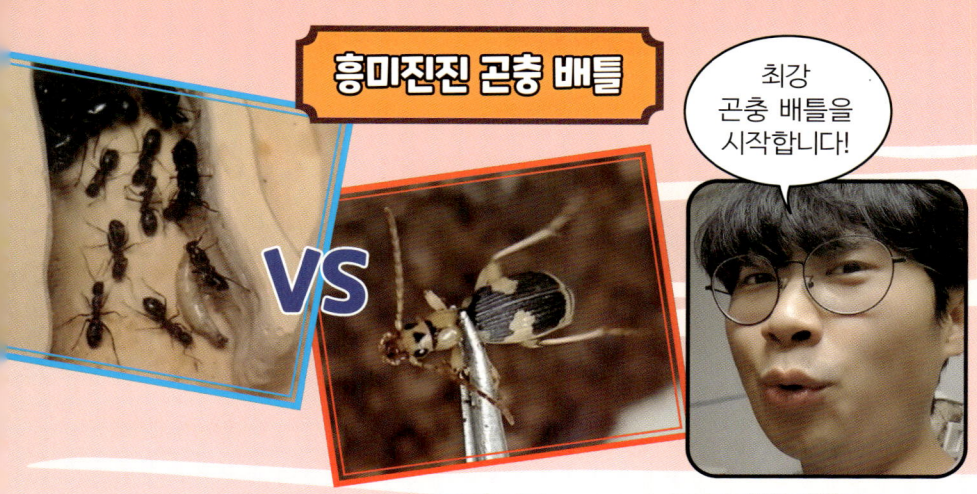

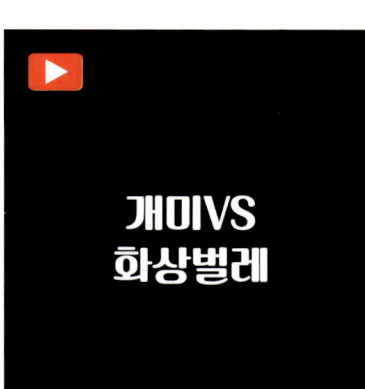

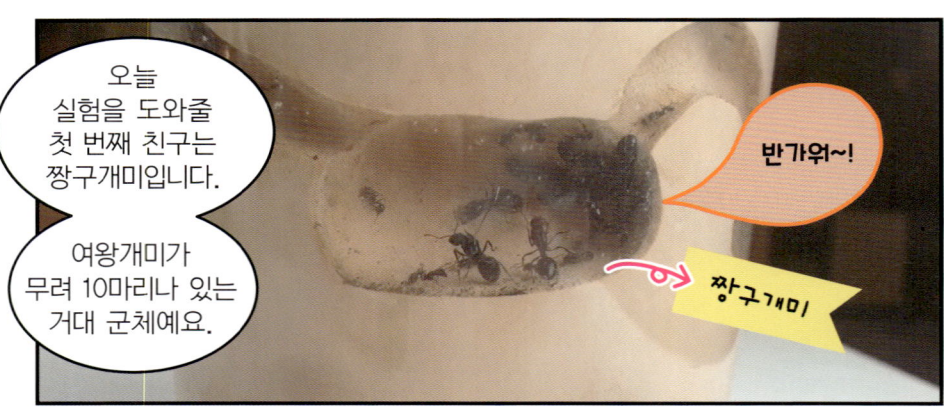

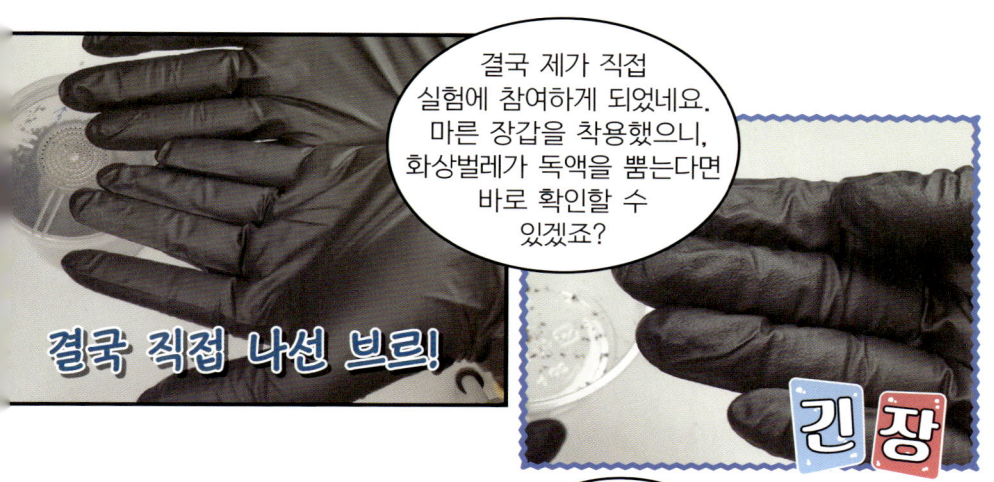

※실험은 실험일 뿐 실제 피해 사례가 있으므로 주의하시기 바랍니다.

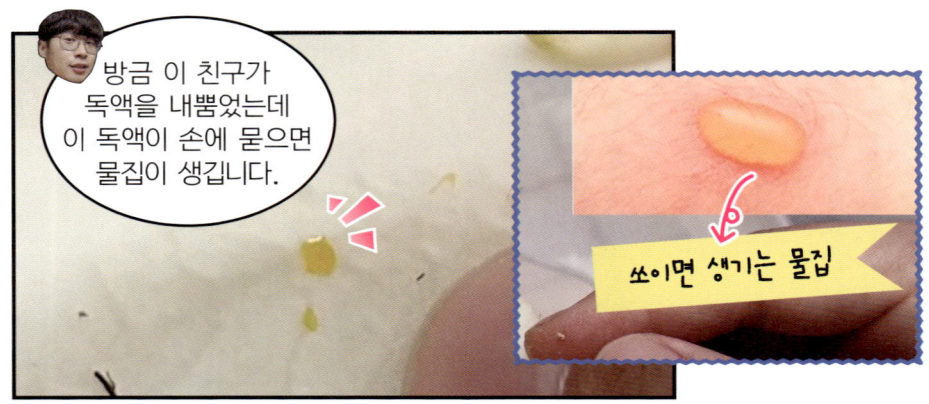

정브르의 곤충 탐구

우리 주변에는 공격성을 지닌 생물도 있어요.
사진과 닮은 곤충을 보면 가까이 가지 말고 피해야 해요.

★정브르의 곤충 탐구★

곤충 이름 : 큰집게벌레

큰집게벌레는 꼬리 부분에 달린 집게로 먹이를 잡아요. 위협을 느끼면 몸을 구부려서 집게를 전갈처럼 세워 방어하지요.

극동 쐐기 나방 애벌레

★정브르의 곤충 탐구★

곤충 이름 : 극동 쐐기 나방

우리나라에 약 25종의 쐐기 나방이 있어요. 극동 쐐기 나방의 애벌레는 몸이 무척 딱딱하고, 솔잎 같이 생긴 가시를 손으로 만지면 쏘일 수 있어요.

영상으로 확인해 봐요!

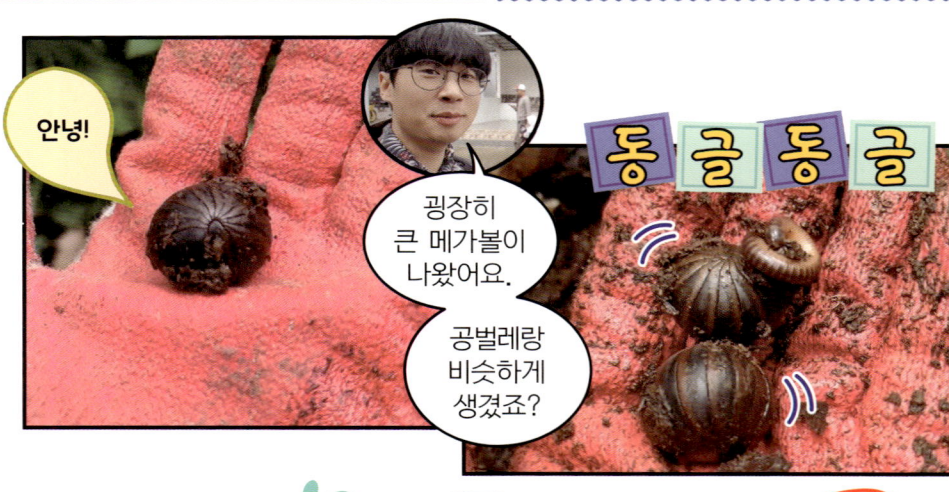

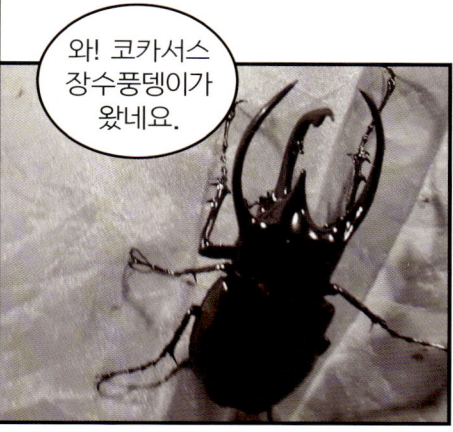

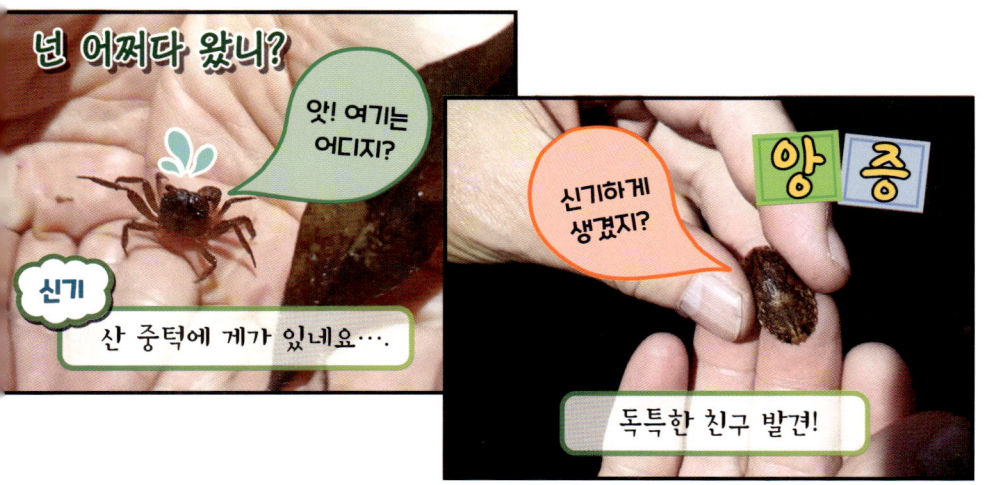

정브르의 곤충 탐구

색이 아름다운 생물, 다리가 많은 생물 등 세상에는 정말 다양한 생물이 존재해요. 우리가 흔히 볼 수 없는 멋진 생물을 알아보아요.

★정브르의 곤충 탐구★

곤충 이름 : 비단벌레

몸에서 화려한 광택이 나는 비단벌레의 날개는 예전부터 장식용으로 사용되어 왔어요. 우리나라에서는 멸종 위기 야생 생물 1급으로 지정되어 보호받고 있지요.

★정브르의 곤충 탐구★

곤충 이름 : 밀리패드

밀리패드는 절지동물로 다리가 400~600개 정도로 무척 많아요. 위기감을 느끼면 액체를 내뿜으며 몸을 방어하지요.

정브르의 곤충 탐구

브르가 만났던 다양한 곤충을 탐구해요!

포세이돈 버드윙 애벌레

★정브르의 곤충 탐구★

곤충 이름 : 포세이돈 버드윙

주로 동남아시아에 사는 버드윙 나비는 전 세계에서 가장 큰 나비 종류예요. 포세이돈 버드윙은 멸종 위기 1급 생물로 날개의 색이 무척 아름다워요.

영상으로 확인해 봐요!

★정브르의 곤충 탐구★

곤충 이름 : 대벌레

나뭇가지처럼 생긴 대벌레는 죽은 척하기 달인이에요. 숲속 나무에서 생활하며 적에게 공격당하면 다리를 떼어 버리고 달아나기도 해요.

영상으로 확인해 봐요!

★정브르의 곤충 탐구★

곤충 이름 : 반딧불이

개똥벌레라고도 불리는 반딧불이는 엉덩이 부분에서 루시페린이라는 화학 물질을 내뿜어요.
이 화학 물질이 산소와 닿으면 빛이 나지요.

★정브르의 곤충 탐구★

곤충 이름 : 앉은뱅이

의갈이라고도 불리는 앉은뱅이는 거미강의 절지동물이지만, 집게가 있어서 전갈로 착각할 수 있어요. 앉은뱅이는 톡토기나 작은 날파리를 잡아먹지요.

139

정답

42~43p

80~81p

118~119p

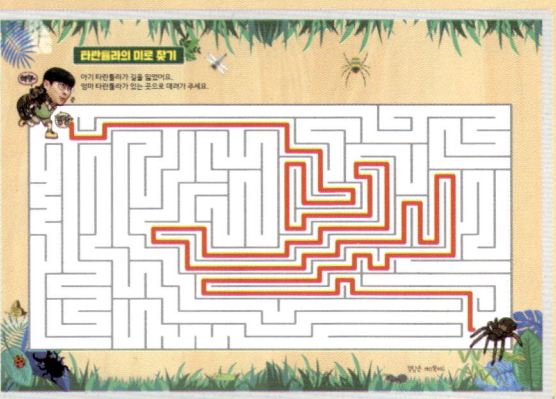

무한의 계단
발명코믹북 2권 출간!

"이름을 말하는 순간, 공포가 너를 삼킬 것이다."

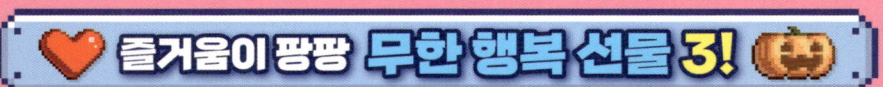

즐거움이 팡팡 무한 행복 선물 3!

1 게임 이모티콘 세트 2탄 (전독자)

2 무한의 계단 에피소드 무제노트 (전독자)

3 시나모롤 키즈 여행가방 폴라로이드 카메라

★ 띠지 뒷면의 번호 사용
(사용 방법은 168쪽 참고)

추첨 25명!

구입문의: 02-791-0708 서울문화사

글로벌 인기 모바일 게임으로 등극한 <쿠키런: 킹덤>
쿠키들의 이야기로 만나는 어린이 필수 경제 상식

최고의
경제·금융
전문가
추천

8 | 무역 영웅 vs 주식 개미

★ 돈 걱정 NO! 소비 계획 YES!
★ 신나게 익히는 알짜 경제 상식

감수 JA Korea 글 김언정 그림 이태영 값 15,000원

투자를 위해 매직토이 주식회사를 찾은 쿠키들. 쿠키들은 첫 투자에서 성공하고 돈을 벌 수 있을까?

© Devsisters Corp.

구입문의 : 02-791-0708 (출판마케팅)

▶ YouTube 35만 구독자 귀염뽀짝 수달의 일상 이야기

안녕하세요?
이웃집수달입니다!

Chapter 1 뽀시래기 모카의 성장기

Chapter 2 모카, 토피 그리고 4남매

Chapter 3 포토 화보

Ottershome. All Rights Reserved.

값 14,000원 문의 02-791-0752 서울문화사

유튜브 인기 애니메이션

뚜식이

엉뚱 발랄
뚜식이 뚜순이 남매의
웃음 폭탄 이야기!

⚠ 주의 ⚠

미끄럼주의
책을 읽다가 너무 웃겨서 어깨춤이 절로 나와 **미끄러질 수 있음.**

빠짐주의
책을 읽고 뚜식이, 뚜순이의 매력에 빠지면 **다시는 못 나올 수 있음.**

뚜순주의
공공장소에서 책을 읽으며 큰 소리로 웃다가 **뚜순이에게 혼날 수 있음.**

ⓒ뚜식이. ⓒSANDBOX NETWORK.

구입문의 02-791-0708 (출판마케팅) 서울문화

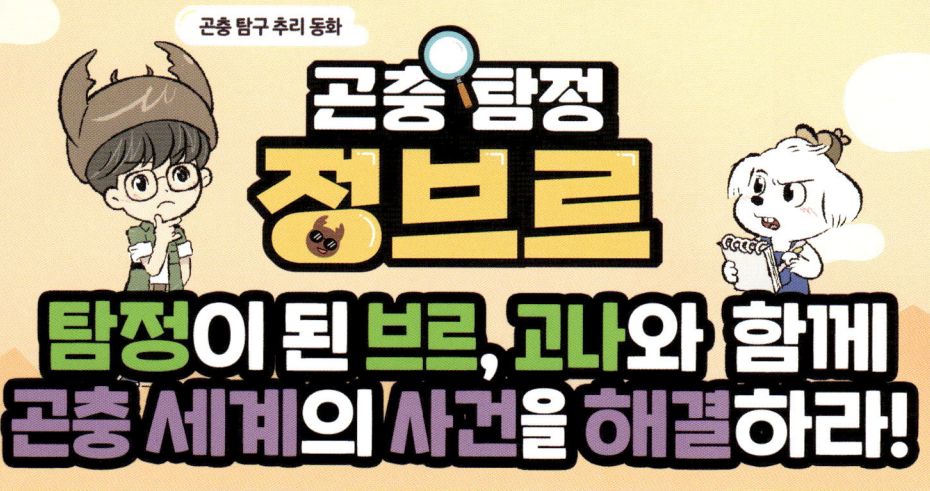